AF308664

L'ART

DE

FAIRE LES INDIENNES.

L'ART

DE

FAIRE LES INDIENNES,

Et de compofer les plus belles Couleurs, bon teint, à cet ufage ; de peindre les Étoffes de foie, & en Miniature ; de laver les Deffeins, Plans, Cartes Géographiques, &c. ; de teindre le Bois, la Paille, le Crin, les Fleurs artificielles, &c. ; avec plufieurs fecrets pour faire toute forte de Couleurs qui n'altèrent point les Étoffes, & qui font à l'épreuve du grand air & du foleil.

Par M. DELORMOIS, *Deffinateur du Roi, & Colorifte.*

A PARIS,

CHEZ LES LIBRAIRES ASSOCIÉS.

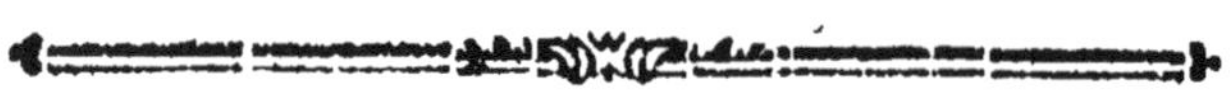

M. DCC. LXXXVI.

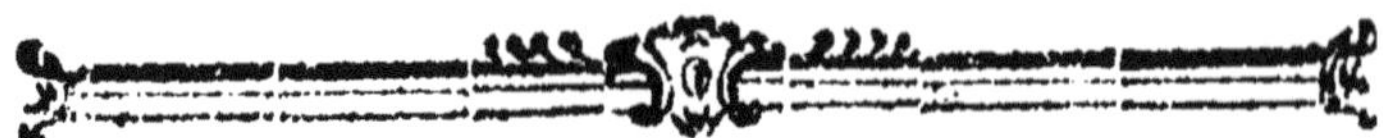

AVERTISSEMENT.

Sans vouloir ici faire l'éloge de l'Indienne, quoique cette branche de commerce soit très-considérable en France, depuis la tolérance & la permission de les fabriquer, mon dessein est seulement de faire connoître aux Fabricans, aux Ouvriers & aux Amateurs, toutes les difficultés qui se rencontrent en fabriquant l'Indienne, dont plusieurs arrêtent souvent un Coloriste, ou un Entrepreneur qui veut travailler en tâtonnant, & qui fait autant de mauvaises pièces que de bonnes, ce qui lui cause une perte irréparable.

Pour preuve de ce que j'avance, je suis en état de citer plus de soixante

Manufactures d'Indiennes qui se font successivement établies en France, & qui se sont ruinées. Je ne chercherai point ici à approfondir par quel vice ces Manufactures ont manqué; mais je dirai seulement, que le peu d'expérience que les Entrepreneurs avoient dans la connoissance des Drogues, dans l'établissement des Outils & des Machines, & dans la manipulation en général, en a été la principale cause, ce qui n'a pas peu contribué à décréditer ce genre d'Etoffes, surtout celles qui se fabriquent en France. Le Public a bien payé l'apprentissage de toutes ces nouvelles fabriques, en achetant des Indiennes, qu'elles exposoient en vente; les unes, dont les couleurs, mal faites, s'en alloient au second ou au troisième lavage; les autres, dont les toiles étoient pourries fur le pré, faute de favoir les blanchir.

Quoique l'on fabrique à préfent un peu plus furement, & avec plus de connoiffance, les raifonnemens que je donne ici fur cette forte d'ouvrage, ne laifferont pas d'être bien accueillis, même par les plus favans *Indienneurs*, puifque, dans toutes les fabriques où j'ai paffé, furtout dans celles de Suiffe, qui font en grand nombre, & très-confidérables, les fabricans fe font fait un devoir de fuivre les principes que je leur ai donnés, foit pour la diftribution des couleurs, foit pour l'arrangement des deffeins; & l'on s'eft aperçu fenfiblement que ces mêmes Manufactures de Suiffe ont mis au jour, depuis quelques années que j'y ai paffé, des ouvrages dont les Anglois même ont été furpris, &

que les Suiffes avoient auparavant jugé impoflibles.

J'ai fait fabriquer à Neufchâtel, dans les manufactures de meffieurs Pourtalaife & Dupaquet, Delufe & Cartier, de Demontmolins, de Jean Renaux, Brand & compagnie, de Delufe & Boffet, des Deffeins qui portoient jufqu'à cent quatre-vingt planches, ce qu'on n'avoit pas encore vu jufqu'alors; c'eft auffi ce qui a furpris bien des négocians dans ce genre de commerce.

On peut voir ces deffeins, dont il eft ici queftion, chez tous les débitans d'Indienne du royaume, & particulièrement, chez ceux de Paris, dont plufieurs demeurent dans l'enclos de l'Abbaye de St.-Germain-des-Prés.

Loin de croire que tous les fabricans d'Indiennes m'en voudront d'avoir rendu leurs secrets publics, j'espère qu'ils m'en sauront bon gré, & je suis persuadé que plusieurs d'entr'eux feront usage des avis que je leur donne, soit dans un genre, soit dans un autre.

Quant à l'utilité des couleurs en liqueur, dont j'enseigne les procédés dans la seconde partie de cet ouvrage, il est aisé de s'en convaincre par la quantité de personnes auxquelles elles sont propres, à commencer par tous les Peintres, Architectes, Sculpteurs, Dessinateurs, qui trouveront dans ce livre de très-belles couleurs, & faciles à faire, pour peindre à gouasse & en miniature, pour laver leurs Esquisses & les Plans, & colorer les Desseins.

Tous les Indienneurs, en général,

ont befoin de ces couleurs, pour peindre leurs Deffeins avant que de les exécuter.

Toutes les faifeufes de Fleurs ar- tificielles trouveront dans ce livre de quoi teindre leurs Cocons, leurs Mouffelines, leurs Papiers, Plumes, Parchemins, & généralement tout ce qui leur fert à faire des fleurs artifi- cielles.

Les peintreffes en Éventails, & les Enlumineufes d'eftampes y trou- veront des couleurs admirables pour leur profeffion.

Les Teinturiers & Dégraiffeurs y trouveront toute forte de couleurs pour teindre à froid toute forte d'étof- fes, & particulièrement celles de foie.

Les Manchonniers & les Four- reurs s'en ferviront pour teindre les plumes & les poils.

Ces couleurs font encore excellentes pour teindre la paille, les bois, les peaux blanches & le crin.

Elles font très-propres auffi pour redonner la couleur aux Tapifferies paffées, foit de haute liffe ou autres de foie, laine, ou coton, & les rendre comme neuves, en paffant de la même couleur avec un pinceau fur les endroits qui feront effacés. On aura l'agrément de voir que ces couleurs feront plus belles & fe pafferont moins que les premières, avec lefquelles les tapifferies font faites.

Toutes les perfonnes, de quelque condition qu'elles foient, qui font leur amufement de la Peinture & du Deffein, trouveront dans ce livre des Couleurs portatives, aifées à faire, & point dégoûtantes, pour deffiner & peindre tout ce qu'elles voudront, &

fur toute forte de matières, comme Toiles de toute efpèce, Étoffes de toute qualité, Ivoire, Parchemin, Papier, Bois poli, Marbre, Plâtre, & même fur les Glaces : ces couleurs étant d'un mordant furprenant.

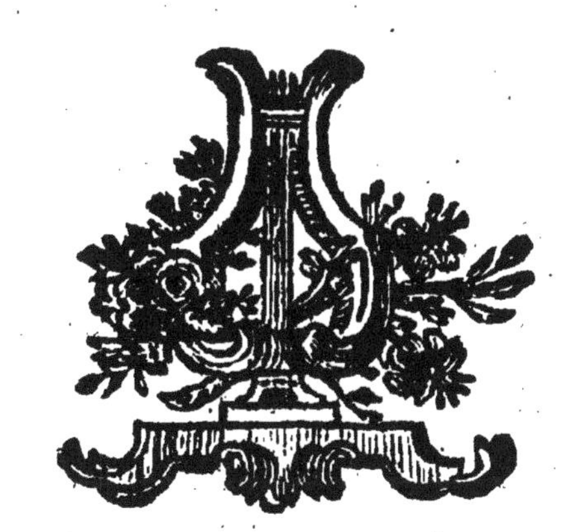

L'ART

L'ART

DE

FAIRE LES INDIENNES.

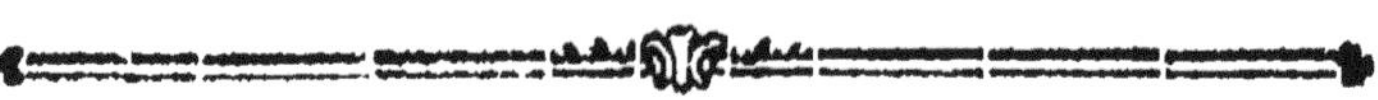

PREMIÈRE PARTIE.

ARTICLE PREMIER.

De la Composition des Desseins en tout genre.

Comme dans presque toutes les manufactures d'Indiennes, tant en France
que chez l'étranger, on trouve rare-
ment de bons dessinateurs, je m'étendrai
un peu sur ce sujet, pour encourager &
donner du goût aux jeunes gens qui se
destineroient à faire des desseins pour

A

lés manufactures d'indiennes. Depuis que l'indienne est tolérée en France, il s'y est élevé plusieurs fabriques de cette étoffe ; mais comme sur près de cent manufactures, il y en a quatre - vingt qui n'ont pas pu subsister, on e convaincu que c'est en partie le nom e des pièces manquées & les mauvais de eins, qui en ont été la principale cause. La plupart des entrepreneurs n'ayant aucune connoissance dans la fabrication d'indienne, étoient obligés de s'en rapporter à ce que leur disoit un soi-disant coloriste, qui n'avoit été, dans son pays, qu'un pileur de drogues & un chauffeur de chaudière. Quant aux desseins, on n'en a jamais vu sortir des manufactures de France que très-peu de raisonnés, si ce n'est de celle d'Orange, qui avoit un dessinateur de Lyon : outre cela, les associés achetoient & faisoient faire des desseins par des artistes à Paris & ailleurs, & ils copioient les échantillons des Anglois d'assez près. C'est, sans contredit, cette fabrique qui a fait le mieux en France ; car, dans presque toutes les autres, on n'a jamais connu d'autres dessinateurs que des graveurs, qui, à force de calquer des desseins sur le bois pour graver, se sont insensiblement cru dessinateurs, & se sont donnés pour tels. Je laisse à penser si ces gens-là, qui ne dessinoient que machinalement, étoient en état de raisonner un dessein d'étoffe; car l'intention des indiennes doit être d'habiller les femmes & de meubler les appartemens, par conséquent on doit suivre les mêmes règles que pour les desseins d'étoffes de soie, en assujettissant ces règles à la manipulation de l'indienne autant qu'il est possible, comme nous allons le démontrer.

Un dessinateur doit embrasser tous les genres de desseins d'étoffes, & doit connoître la fabrication, pour disposer ses desseins & les colorer en conséquence du genre d'indienne que l'on veut faire; j'en distinguerai principalement de douze différens genres, savoir :

L'indienne calanca.
Le demi-calanca.
L'indienne ordinaire.
La patenace.
La petite-façon.
La miniature.
La péruvienne pour habits d'homme.
Le double bleu.
Le double violet.

Le camayeu de toutes couleurs.

L'indienne pour deuil.

L'indienne porcelaine.

Les mouchoirs à double face, &c.

Pour chacun de ces genres d'indienne, il faut compofer fes deffeins différemment. Pour calanca fin, comme c'eft une étoffe qui peut fupporter un certain prix, on peut multiplier les couleurs jufqu'à trois en tous genres; & avec trois couleurs & le blanc, on peut rendre une fleur comme la nature, en ayant recours aux couleurs mixtes, comme rouge fous violet, pour faire cramoifi; violet fous bleu, pour faire double bleu; jaune fur violet, pour faire couleur de bois, terraffe, & feuille morte; jaune fur bleu, pour faire vert; jaune fur rouge, pour faire fouci, &c.

Il faut qu'un deffinateur faffe valoir dans fes deffeins calanca tous ces mêlanges de couleurs, pour multiplier fes couleurs & enrichir fes deffeins. Il faut auffi qu'il faffe valoir dans fes fleurs le blanc & le noir, excepté dans les fleurs rouges, où l'on ne met pas de noir; mais il faut ménager les parties blanches & noires à propos.

Comme toutes licences font permifes

dans les deſſeins d'indienne, on y peut mettre de tout pour calanca, comme fleurs naturelles, fleurs & fruits des Indes & de fantaiſie, rubans, dentelles, galons de toute eſpèce : on y met quelquefois des payſages, & même des animaux, ſurtout des papillons, des inſectes & des oiſeaux; mais on a toujours éprouvé que les deſſeins qui approchoient le plus de la nature, étoient les plus recherchés. Lorſque les fleurs naturelles qu'on y met ſont bien deſſinées & bien peintes, que la toile & l'exécution répondent à la correction du deſſein, cela fait une indienne qui ſe vend auſſi-tôt qu'elle eſt faite. Un deſſinateur doit donc s'attacher à faire des deſſeins naturels, & ne jamais mettre ſur la même tige des fleurs de pluſieurs eſpèces. Il doit éviter de même de mettre pluſieurs couleurs dans la même fleur ; c'eſt-à-dire, que dans une roſe, par exemple, il ne doit y avoir que du rouge ; dans une jacinthe, que du bleu ; dans une jonquille, que du jaune ; dans une violette, que du violet, &c. Il y a cependant de certaines fleurs qui ſont ſuſceptibles de pluſieurs couleurs, comme les anémones, les tulipes panachées, les penfées, &c.; mais il faut qu'un deſſinateur ſache bien diſtribuer ſes couleurs, afin que la confuſion n'embrouille pas l'imprimeur ni le coloriſte. Un deſſinateur ſavant & entendu dans l'art de faire l'indienne, doit s'attacher à la belle ſimplicité; il faut que ſes objets ſoient bien diſtingués; que, dans un deſſein, il n'y ait jamais qu'un objet dominant, & que tout le reſte ſoit léger & acceſſoire au ſujet principal du deſſein.

Pour les demi-calancas, on ne met, que deux rouges, un violet, un vert, un jaune, un bleu; mais en faiſant valoir les couleurs, comme lorſque l'on met le violet ſous le bleu, cela fait deux bleus; le violet ſous le rouge, cela fait couleur de vin. On peut auſſi faire pluſieurs verts, en laiſſant quelques feuilles & quelques parties de feuilles en jaune; en ne mettant point de vert deſſus, cela fait deux verts; &, par le moyen du noir, on en peut faire un troiſième, lorſqu'il eſt bien diſtribué. On peut auſſi faire de jolies couleurs de bois, qui peuvent ſervir pour des fleurs, en mettant le jaune ſur le violet, qui eſt déjà ombré de noir; cela fait trois couleurs à peu de frais.

Les indiennes ordinaires ou communes ne fe font qu'avec une ou deux couleurs, comme tout noir ou tout rouge, & noir & rouge; c'eft au deffinateur à enrichir fes deffeins par la gravure. On peut encore faire de jolies chofes dans ce genre-là, en faifant valoir les picotages & les hachures perpendiculaires, horizontales & diagonales.

Le chagriné n'eft autre chofe que de petits trous fort près les uns des autres, ce qui fait un fond fablé de petits points blancs. Comme avec les picots de différentes groffeurs on fait des fonds fablés de petits points noirs, on peut faire plufieurs fortes de petits deffeins en mofaïque avec ces fortes de gravures; & les Anglois l'ont fouvent employée avec fuccès dans les fleurs, & dans les galons & dentelles.

Les patenaces ne font autre chofe que des indiennes ordinaires, dans lefquelles on ajoute du bleu & du jaune : on obfervera que les toiles doivent être d'une meilleure qualité.

Les petites façons fe font encore avec quatre couleurs, qui font, noir, rouge, bleu & jaune : fouvent on n'y met point de jaune. On employe pour ce genre de

belles toiles, & on peut faire de très-
jolies chofes; mais il faut que le deffinateur s'affujettiffe à ne faire fes fleurs
les plus groffes que comme un pois, ou
tout au plus comme une noifette, &
beaucoup de petites chofes en picotage.

Les péruviennes font des deffeins que
l'on tire ordinairement des droguets &
des luftrines de foie, ou autres étoffes,
pour habits d'homme; c'eft dans ces
fortes d'indiennes qu'on peut faire valoir le noir avantageufement : les deffeins les plus fimples font les meilleurs.
Il ne faut pas qu'un deffein porte plus
de quatre couleurs, & même à trois
couleurs, on réuffit toujours mieux; car
la confufion des couleurs, dans ce genre
d'indiennes , fait qu'elles s'exécutent
toujours mal.

Les doubles bleus fe gravent tout en
noir & les fleurs toutes ombrées, de façon qu'en mettant du violet pour les
demi-teintes & une teinte générale de
bleu, en réfervant cependant des blancs
dans les grands objets, cela fait un camayeu bleu. On en fait auffi à trois
bleus, par le moyen d'un violet deffous
& de deux bleus par-deffus.

Les doubles violets fe deffinent de la

même manière : On ombre les fleurs de noir, & on rentre un violet par-deſſus, ce qui donne deux violets : Pour les toiles fines, on y rentre deux violets, ce qui fait, avec le noir, trois violets. Dans ces deſſeins, on peut mettre de tout, ſelon la fantaiſie; mais il faut toujours s'attacher à la correction du deſſein.

Les camayeux rouges ſe font de la même façon; toute la différence qu'il y a, c'eſt que l'on imprime la planche en rouge brun, que l'on nomme fin rouge.

On fait auſſi des indiennes pour deuil : les unes ſe font à fond noir, & d'autres les fleurs noires & fond blanc, un peu garni. C'eſt dans ces ſortes de ſujets qu'un deſſinateur peut faire valoir le picotage & le chagrinage. On peut auſſi imiter la gravure en taille-douce, par le moyen de deux planches, dont les hachures ſe croiſent à l'impreſſion; ce qui fait que les deſſeins paroiſſent gravés en planches de cuivre.

Les indiennes qui imitent la porcelaine s'impriment avec de l'indigo, comme il eſt dit article 60, & ne vont point ſur le pré.

Les mouchoirs à double face ſe font à

la cuve avec un réfervage, comme il eft enfeigné article 59.

Ces deffeins fe compofent fur du papier bleu, & fe deffinent avec du blanc : par ce moyen, on voit auffi-tôt l'effet de fon deffein.

En général les deffeins d'indiennes doivent être leftes, & les fujets bien diftingués; il faut qu'il y ait toujours dans chaque deffein un fujet qui domine, foit par les fleurs, foit par la couleur, & faire en forte que les deffeins fe coupent, foit en long, foit en large; cela fait immanquablement un bon effet, parce que les deffeins ne font prefque jamais bandé, & les fujets fe cadrillent toujours mieux dans le tout enfemble. Au refte, un deffinateur doit s'appliquer à ménager les couleurs, pour mettre le colorifte à fon aife & rendre l'étoffe moins coûteufe.

ARTICLE II.

De la conftruction des Planches à graver, & de la qualité du Bois.

On fe fert de cinq fortes de bois pour graver ; favoir, le buis, le houx, le poirier, le tilleul & le noyer. Le buis ne

s'employe que pour des deſſeins extrêmement mignons, & pour de petits
bouquets; je n'ai point vu de fabrique
qui s'en ſerve communément. Le houx
eſt un fort bon bois pour graver, & qui
dure long-temps; mais les plus larges
planches que j'aye vues, ne portent que
quatre à cinq pouces de large, de façon qu'il faut les joindre enſemble pour
graver un deſſein à trois chemins,
& je n'ai vu qu'une manufacture à An-
gers qui s'en ſerve, par rapport à la ra-
reté de ce bois.

Le poirier eſt le bois dont on ſe ſert
ordinairement dans toutes les manufactures, excepté les planches pour ren-
trer les couleurs, qu'on peut faire quelquefois de tilleul. On ſe ſert auſſi de
noyer pour graver de gros deſſeins, &
particulièrement des meubles & des
mouchoirs en quatre coups de moule.
En général tous les bois dont on ſe ſert
pour graver doivent être ſecs, & ceux
qui veulent bien fabriquer, les laiſſent
encore ſécher quelques mois après avoir
été rabotés & dreſſés. Il faut que les
planches ſoient dreſſées par un bon me-
nuiſier ou ébéniſte. J'ai toujours vu dans
les bonnes manufactures d'Angleterre,

d'Hollande, & de Suisse, qu'on faisoit dresser les planches des deux côtés; mais le côté qui est destiné à être gravé, doit être beaucoup mieux dressé que l'autre. Ensuite si les planches font de deux pouces d'épais, on les scie en trois dans l'épaisseur, de façon que l'on gagne les deux tiers de bois. Après que les planches ont été sciées & rabotées, cela vous donne des planches d'un demi-pouce ou environ, que l'on double, du côté qui ne doit pas être gravé, avec une planche de sapin d'un demi-pouce, en mettant le fil du sapin en travers du fil du poirier. On double cette planche encore une fois avec une planche de bois de chêne, aussi d'un demi-pouce, en mettant encore le fil du chêne en croix sur celui du sapin : bien entendu que la planche de poirier doit être coupée à la grandeur du dessein qui doit être gravé dessus. On fait tenir ces deux doublures avec de la colle forte : les ébénistes savent coller le bois de façon qu'il ne se décolle jamais. Quand la planche est gravée, on la cheville, & l'on y met des écrous de fer dans trois ou quatre endroits, où il n'y a point de gravure.

Quelques perfonnes pourront fe récrier fur les frais qu'exige cette préparation des planches ; mais je leur répondrai qu'ils font libres de s'y conformer ou non : je ne fais ces obfervations que d'après les Anglois, qui font fans contredit les meilleurs fabricans d'indiennes que l'on ait en Europe. Au refte, lorfque l'on a du bois de poirier à difcrétion, on peut fe paffer de doubler les planches, furtout quand elles font petites.

A R T I C L E III.

De la Gravure en Bois , & des Outils propres à cet art.

Un bon graveur doit avoir une douzaine de petites gouges, dont la première & la plus petite faffe environ la circonférence d'une groffe épingle, & toujours en augmentant en groffeur par dégrés, de façon que la dernière des douze faffe la groffeur d'un pois. Il lui faut encore deux ou trois groffes gouges pour vider & pour écorner les planches gravées : on trouve facilement de celles-ci, parce que tous les fculpteurs s'en fervent. Il doit avoir enfuite une douzaine de boute-avants : c'est un petit outil qui coupe de plat, & qui est crochu comme une truelle ; le plus petit doit être auffi mince qu'une pièce de fix liards, pour vider les plus petits endroits, & toujours en augmentant, de façon que le plus gros porte la largeur d'un quart de pouce, pour vider dans les plus grands endroits. Il lui faut encore une pointe : c'est un outil avec lequel on coupe tous les contours du deffein que l'on grave. Pour former cet outil, on fait faire par un chaudronnier une douille de cuivre de fix pouces de long, avec un renfort au petit bout, qui ne doit avoir que quatre à cinq lignes de diamètre : le gros bout doit avoir huit à dix lignes d'épaiffeur. On fait tourner un morceau de bois dur, qui entre dans cette douille jufte, & qui foit plus long que la douille de trois pouces ou environ : on fait fcier ce morceau de bois dans le milieu fur fa longueur, auffi avant que la douille eft longue, dans laquelle fente on met le petit outil qui coupe, lequel eft aiguifé en bec de corbin. Il y a des graveurs qui fe fervent de lancettes, d'autres font faire des lames exprès ; mais le meilleur eſt de ſe ſervir de reſſort de montre, que l'on coupe par le bout, que l'on trempe & que l'on aiguiſe à ſa façon. Un graveur a beſoin d'une drille (*terme de l'art*) : cet outil ſert à faire des trous, par le moyen de forets que l'on met dedans. On s'en ſert, comme les horlogers, avec un archet. Il doit encore avoir un petit marteau de fer pour picoter, avec des matrices de différentes groſſeurs, à proportion des picots que l'on veut planter dans la planche. Les picots ſe font avec du fil de fer ou de laiton coupé par petits bouts d'environ quatre à cinq lignes, pour en faire entrer la moitié dans la planche ; l'autre moitié, qui eſt dehors, doit être un peu plus haute que la gravure. Quand la planche eſt toute picotée, on la fait paſſer ſur une meule de grès à remoudre, & par ce moyen l'on uſe les picots par-tout également, juſqu'à la hauteur de la gravure. Il y en a qui uſent les picots avec une lime douce, mais cela dérange les picots, & l'opération eſt plus longue.

Pour graver dans les règles, & pour éviter les caſſures, la bonne façon eſt

de couper tout fon deffein avant que
de vider, & même de faire les enco-
ches du deffus de la planche, dans lefquelles l'imprimeur met fes doigts pour
prendre la planche pour imprimer : car
quand on fait toutes ces chofes après
que la planche eft vidée, on rifque toujours de caffer quelque chofe ; ce qui
eft difficile à raccommoder.

Un graveur doit avoir un établi ferme
& folide, dans lequel il plante une cheville de fer, qui excède le deffus de fon
établi d'un demi-pouce. Cette cheville
entre dans un trou que l'on fait dans
le milieu de la planche que l'on veut graver, & la tient en refpect, fans qu'elle
puiffe remuer quand on coupe, ou
quand on vide. Il doit auffi avoir un
maillet de bois, ou une mailloche comme les tailleurs de pierre, pour frapper
fur fa groffe gouge, quand on s'en fert
pour vider & pour écorner les planches.

Article IV.

Manière d'apprêter les Toiles pour les impri-
mer, foit engallées ou fans être engallées.

On met tremper les pièces que l'on
veut indienner, dans une cuve remplie

d'eau tiède, pendant quelques jours, pour ouvrir les pores du coton, & pour bien décreuser la toile ; ensuite on les fait bien laver & battre au foulon, puis on les relave encore, & toujours à l'eau claire & courante. Après qu'elles ont été bien lavées & séchées, on les passe au cylindre ou à la calandre, pour écraser le grain de la toile : cela fait que l'imprimeur a moins de peine, la planche marque par-tout également, & dure plus long-temps.

Si vous voulez engaller les toiles, comme on le fait ordinairement pour les indiennes qui sont toutes noires & blanches, il faut mettre dans une cuve propre, sur cent pintes d'eau, une livre de noix de galle pilée ou moulue en poudre ; la laisser infuser vingt-quatre heures, & la bien tourmenter deux ou trois fois avec l'eau, pendant cet espace de temps ; après quoi on y trempe les pièces que l'on veut engaller l'une après l'autre, & en les sortant de la cuve, on les tord à un moulinet qui est établi au dessus de la cuve exprès, pour que l'eau engallée retombe dans la même cuve : on fait sécher les toiles comme ci-dessus, & on les calandre de même.

Si l'on veut que les couleurs foient brillantes & vives, avant que d'imprimer les pièces, on les paffe en boufe de vache, ou encore mieux, en crottes de mouton : enfuite on les fait laver, battre, fécher & calandrer comme ci-deffus.

Article V.

Inftructions pour bien imprimer les Pièces ; avec des remarques fur les inconvéniens qui arrivent aux Imprimeurs peu praticiens.

Pour bien imprimer, il faut avoir une table d'environ fix pieds de long fur deux de large, & fix pouces d'épaiffeur. Cette table doit être bien dreffée, & montée fur des pieds qui auront quatre pouces en carré, & bien affemblés par le bas d'une bonne traverfe, de façon que le tout faffe un bloc pefant & folide. J'ai vu des manufactures où l'on fe fervoit de tables de marbre ou de pierre dure ; & c'eft la meilleure façon, parce qu'elles ne fe déjettent pas comme celles de bois, qu'il faut raboter de tehps en temps pour les redreffer.

Ces tables doivent être couvertes de

deux tapis de drap, ou de ferge fine, bien tendus & attachés aux quatre coins de la table avec quatre broquettes, de façon qu'on puiffe les défaire de temps en temps pour changer de drap lorfqu'il eft fale par la couleur qui paffe au travers de la toile en l'imprimant. On fait laver & battre ces tapis, & on les fait fécher pour en changer à mefure qu'ils fe faliffent.

Les Baquets, dans lefquels on étend la couleur pour la prendre avec la planche, doivent être de trois pouces en carré plus grands que les plus grandes planches que l'on peut avoir : le premier baquet doit être affemblé avec un fond de planches, de façon qu'il tienne l'eau ; fes bords doivent avoir fix pouces de hauteur ; on l'emplit à moitié de gomme du pays, diffoute dans de l'eau, de façon qu'elle foit épaiffe comme de la bouillie. On met deffus cette bouillie un chaffis qui entre jufte dans le grand baquet, lequel a trois pouces de bord & eft foncé avec de la toile cirée, clouée tout à l'entour des bords en dehors, de manière que la gomme ne paffe pas au travers. Dans ce fecond chaffis, on en met encore un, qui n'a que deux pouces de bord, & qui eſt foncé avec du drap fin, bien tendu & cloué tout autour avec de petites broquettes fort près les unes des autres. C'eſt dans celui-là, & ſur ce drap, que l'on étend la couleur, ainſi qu'il ſera expliqué plus au long à ſon article.

On ſe ſert, pour étendre la couleur gommée avec de la gomme d'Arabie, d'un morceau de chapeau double & grand comme la main, qui aura été bien lavé & bien dégraiſſé. Pour la couleur qui aura été gommée avec l'amidon, on ſe ſert d'une broſſe plate, faite de poils de cochon un peu longs ; on en connoîtra bientôt l'uſage en voyant quelqu'un travailler. Quand un imprimeur commence une pièce, il faut qu'il place ſes planches ſur une ligne droite, & qu'il examine auparavant ſi quelque planche n'eſt pas voilée, tourmentée, ou gauche (*termes de l'art*) ; c'eſt-à-dire, ſi elle n'eſt point droite, ce qui fait qu'elle ne marque pas par-tout également. Si elles ſont gauches, on les fait redevenir droites en mouillant la planche du côté qui eſt creux, & chauffant l'autre côté au ſoleil ou à un feu doux, ce qui la fait redevenir droite. Il faut auſſi prendre garde ſi les quatre picots ou points de raccord ſont dans un juſte carré, ſans quoi l'imprimeur ne pourra jamais raccorder ſon deſſein exactement : Il faut pour cela qu'il prenne le point du milieu de ſa planche, & qu'avec un compas, il trouve ces quatre picots à la même diſtance du milieu : Si cela ſe trouve juſte, la planche doit être carrée. Alors il prend de la couleur dans le chaſſis le plus également qu'il peut ; il frappe ſur la planche avec le manche d'un maillet de bois le plus lourd qu'il eſt poſſible, qu'il tient de la main gauche. C'eſt à la pratique qu'il faut avoir recours pour connoître toutes les petites précautions qu'il eſt néceſſaire de prendre, qui ſont infinies, & qui ne peuvent pas s'écrire ; mais elles s'apprennent promptement, pour peu que l'on ait d'adreſſe & d'intelligence.

Il y a encore une autre ſorte d'imprimeur, que l'on nomme *rentreur:* celui-ci n'imprime que les planches qui rentrent dans la première planche d'impreſſion, & qui ſont toutes les différentes couleurs ; ainſi, il en faut autant que de couleurs. Si l'on veut, par exemple, faire une indienne qui ait trois rouges, trois violets, &c., il faut que, d'après

le deſſein enluminé, on calque ſur autant de planches comme il y a de couleurs; ce qui ſe fait, en ſuivant correc-
tement le deſſein peint. Premièrement,
pour le rouge pâle, on calque exactement tout ce qui eſt rouge pâle, en faiſant toutefois des rapports qui indiquent
au rentreur où il doit poſer ſa rentrure,
pour qu'elle ſe trouve juſte dans les fleurs
qu'elle doit enluminer. Ces rapports
ſe prennent ſur un bout de feuille, ou
ſur un bout de branche, & l'on fait en
ſorte qu'il y en ait au moins deux ou
trois. On ſuit le même principe pour
toutes les autres couleurs qui ne ſont
pas de la planche première. On obſer-
vera auſſi que les contours des fleurs
qui doivent être rouges ſe gravent à
part, & doivent avoir des points de
rapport comme les autres rentrures.
Cette planche s'imprime immédiate-
ment après la première impreſſion noire.
Quant à la main-d'œuvre de la table &
du chaſſis, c'eſt toujours la même. On
remarquera qu'il faut avoir autant de
chaſſis que de couleurs, pour les ôter
& les remettre à chaque fois que l'on
change de couleur.

Tout imprimeur ou rentreur doit

avoir une jeune perſonne qui ſoit toujours au chaſſis, pour étendre la couleur à chaque fois que l'imprimeur en
veut prendre, & pour lui aider à tirer
la toile, & à l'arranger bien unie, toutes
les fois qu'il a fini une tablée.

Auſſi-tôt que les pièces ſont imprimées, on les porte à l'étendage pour
les faire bien ſécher; plus on laiſſe long-
temps les pièces ſécher, & plus les couleurs en ſont ſolides & belles.

A R T I C L E VI.

Manière de laver les Pièces après l'im-
preſſion.

Lorſque les pièces ſont bien ſèches &
qu'on veut les paſſer par la garance,
on les met tremper deux ou trois heures
dans de l'eau courante, en les attachant
par le bout à un piquet. Après les avoir
trempées, on les bat au foulon, on les
tord, & on les aſſemble par les bouts
pour les paſſer ſur le tourniquet, comme on va l'expliquer. En les lavant bien,
cela ôte toute l'âcreté des ſels avec leſ-
quels les mordans ſont compoſés : ſans
ce lavage, il arriveroit que le bouillon de garance, dans lequel on les

paſſe, ſe noirciroit & terniroit toutes
les couleurs.

Article VII.

Façon de paſſer les Pièces en Garance.

Voici l'opération la plus épineuſe de
toute la fabrication d'indienne, parce
que c'eſt elle qui décide du ſort des
couleurs, de leur beauté & de leur ſo-
lidité. C'eſt cette opération qui a cauſé
la ruine de pluſieurs fabriques, par la
faute de l'ouvrier qui ignoroit toutes
les précautions qu'il eſt néceſſaire de
prendre : car, quand une pièce eſt man-
quée à cette opération, il n'y a point
d'autre remède que de la teindre en noir
& de la vendre pour doublure ; ce qui
n'arrive que trop ſouvent dans les nouvelles manufactures qui s'établiſſent
tous les jours. Je vais donner ici la façon des Anglois, des Hollandois & des
Suiſſes, qui ſont ceux qui réuſſiſſent le
mieux dans ce genre de travail.

Dans les meilleures fabriques d'Angleterre, on ne garance qu'une fois les
pièces, & les trois rouges, les trois violets, &c., ſortent de ce même bouillon
tels qu'ils doivent être.

J'ai

J'ai vu, en Hollande, une manufacture où l'on paſſe les pièces par la garance autant de fois qu'il y a de rouges : on y continue cette manière, parce que les bois y ſont à bon marché, & que les couleurs ſe dégradent & ſe diſtinguent mieux.

En Suiſſe, pour les calancas qui portent trois rouges & trois violets, on paſſe les pièces deux fois par la garance ; ſavoir, une fois après l'impreſſion du noir & du premier rouge, dit fin rouge, ce qu'ils appellent retirer ; enſuite on garance une ſeconde fois, après avoir réimprimé les ſecond & troiſième rouges & violets ; c'eſt la façon de M. *Claude Dupaquet*, fabricant à Neufchâtel, qui fait des ouvrages auſſi beaux qu'en Angleterre. En général, pour paſſer les pièces en garance, après qu'elles ſont imprimées, on met dans une chaudière bien propre & pleine d'eau de rivière, trois livres de bonne garance-grappe d'Hollande, par pièce fond blanc : Si les pièces ſont à fond de couleur, il en faut quatre livres par pièce, & quelquefois cinq, ſurtout ſi les fonds ſont rouges. Lorſque la garance eſt dans la chaudière, & que le feu eſt allumé

B

deſſous, on agite bien l'eau pour faire diſſoudre la garance ; lorſque le bouillon commence à chauffer, on paſſe les pièces dedans, de la façon qui ſuit.

Il y a deſſus la chaudière un tourniquet en façon de dévidoir, qui eſt auſſi long que la chaudière eſt large (*). On dévide les pièces deſſus, comme on dévideroit du ruban ; & un compagnon, avec deux bâtons à la main, enfonce à meſure pour éviter que les pièces ne s'embrouillent, & pour que la garance faſſe ſon effet par-tout également ; quand on eſt au bout, on retourne de l'autre côté, & on dévide ainſi toujours, juſqu'à ce que la chaudière bouille. On les laiſſe bouillir un quart-d'heure, plus ou moins, ſelon que les couleurs ont pris plus ou moins de force : mais plus on les laiſſe bouillir, plus les couleurs ſe bruniſſent. A cet égard, il eſt à craindre que les couleurs, à force de brunir, ne ſe terniſſent. Lorſqu'on croit que les pièces ont pris aſſez de couleur, on les retire, en les dévidant ſur le tourniquet comme une pièce de ruban. Auſſi-tôt on les redévide & on les jette à la ri-

____

(*) Tous les teinturiers ſe ſervent de cet outil.

vière, en les attachant au piquet comme ci-devant; car fi on les laiſſoit fur le tourniquet, au fortir de la chaudière bouillante, elles fe tacheroient toutes, & les couleurs fe terniroient. Il faut faire la même choſe toutes les fois que l'on garance.

Article VIII.

Différentes manières de blanchir les Pièces après qu'elles ont paſſé par la Garance.

Il y a pluſieurs façons de blanchir les pièces après qu'elles font garancées; mais la meilleure eſt de les laiſſer tremper vingt-quatre heures en fortant de la garance, enſuite de les faire bien battre au foulon, & de les mettre fur le pré : on les y attache avec de petits piquets aux quatre coins, & de diſtance en diſtance, le long des liſières. On a pour cet effet un petit bout de ficelle qu'on met dans le piquet, & que l'on attache, avec une épingle, à la liſière de la pièce, de façon que toutes les pièces, étant attachées l'une à l'autre, elles fe tiennent bien tendues. Après qu'elles font ainſi bien attachées, on les arroſe auſſi-tôt qu'elles sèchent, avec

une écope, efpèce d'arrofoir fait comme
les pelles creufes avec lefquelles on vide
l'eau des bateaux : il y en a de bois,
& d'autres de fer-blanc ; celles-ci valent
mieux : elles ne caffent pas fi vîte,
tiennent davantage d'eau & font plus
légères, & par conféquent propres à
lancer l'eau plus loin. On juge bien par
là qu'il faut avoir des réfervoirs d'eau
dans des canaux, de diftance en diftance, de façon qu'on puiffe mettre
huit à dix pièces de front entre deux
canaux, dans lefquels l'arrofeur puife
de l'eau avec fa pelle, pour la lancer fur
les pièces comme une pluie. Il faut qu'il
ait foin de ne pas laiffer trop sècher les
pièces, furtout quand le foleil eft ar-
dent. On obfervera auffi que le beau
côté des pièces doit être deffous.

Auffi-tôt que l'on voit que les pièces
commencent à blanchir, on les retire
de deffus le pré, & on les fait bouillir
dans une fuffifante quantité d'eau, dans
laquelle on met, pour dix feaux, un
feau de boufe de vache : Cette eau a la
propriété de décraffer les pièces & d'avi-
ver les couleurs ; par ce moyen elles
font plutôt blanches & reftent moins fur
le pré, ce qui fait un grand avantage.

ARTICLE IX.

Façon de faire le Mordant Noir, avec la vieille Ferraille : Très-bon & éprouvé.

On prend une quantité de ferraille que l'on fait bien laver, ensuite on la met dans un tonneau, & sur cinq livres pesant de ferraille, on jette dessus douze pintes de bon vinaigre : Le tonneau étant sur cul, on aura au bas un robinet, par lequel on soutirera la liqueur trois ou quatre fois le jour, en la reversant toûjours dans le même tonneau, & cela pendant cinq ou six semaines. On y ajoute de plus, en mettant tremper la ferraille, sur cinq livres pesant, trois livres de vert-de-gris & autant de bois d'Inde, avec deux onces de galle pilée ; plus elle est vieille, meilleure elle est ; quand elle devient trop épaisse, on y ajoute de l'eau.

ARTICLE X.

Préparation du Noir pour imprimer.

On prend de ce bouillon ou de cette liqueur de ferraille, & sur chaque pinte on y met demi-once d'antimoine & un quart d'once de vitriol de Chypre ; pour

le rendre d'un plus beau noir, on y met
encore demi-once de limaille de cuivre
rouge, brûlée avec de l'eau-forte & réduite en poudre. On fait bouillir le tout
ensemble pendant une demi-heure, en
l'écumant toujours; ensuite on le gomme ou amidonne. Pour chaque pinte
de couleur, il faut une livre de gomme
arabique, ou quatre onces d'amidon
bien détrempé & cuit à part.

ARTICLE XI.

*Autre manière de faire du Noir avec de la
Limaille de fer; bon pour Noir, Violet
Jaune solide : Eprouvé.*

On prend de la limaille bien propre,
que l'on met rouiller à l'air sur des
planches de bois blanc, après l'avoir
lavée dans cinq à six eaux : on l'arrose
de temps en temps avec de la saumure
de harengs, ou bien, faute de cette
saumure, avec de l'urine : Lorsqu'elle
est bien rouillée d'un côté, on la retourne & on l'arrose toujours, jusqu'à
ce qu'elle le soit autant de l'autre; ensuite on la pile un peu & on la met dans
un tonneau. Pour chaque livre de limaille, on y met six pintes de vinaigre:

on foutire la liqueur comme on l'a expliqué ci-devant.

Article XII.

Préparation de cette Compofition pour imprimer en Noir.

Sur douze pintes de cette liqueur, on y ajoute neuf onces d'antimoine, quatre onces de vitriol de Chypre, quatre onces de vert-de-gris; on fait cuire ce mélange de la même manière que le précédent : pour le gommer, il faut trois livres & demie d'amidon, que l'on détrempe peu à peu avec de l'eau froide dans un vafe à part. Ayant retiré la couleur de deffus le feu, on y verfe l'amidon détrempé, & on remue fans ceffe, jufqu'à ce que la couleur foit froide; après quoi on la paffe par le tamis ou à travers un linge, & alors elle eft faite.

Article XIII.

Compofition du premier Violet, ou du Violet foncé pour Calanca.

Prenez douze pintes de noir, fait avec la limaille de fer de l'article XI;

ajoutez-y six pintes de vinaigre, trois livres de salpètre ou de sel de nitre, trois livres de sel gemme, quatre onces de vitriol de Chypre, quatre onces de vert-de-gris, huit onces d'eau-forte tirée sur la limaille de cuivre rouge. On le fait cuire comme le noir, & on le gomme ou amidonne de même.

ARTICLE XIV.

Manière de faire passer l'Eau-Forte sur la Limaille de cuivre rouge.

Sur quatre livres de limaille de ce cuivre, on verse une livre d'eau-forte dans une bouteille de verre, débouchée & exposée à l'air, pour n'être pas incommodé de la fumée qui en sort : on laisse cette liqueur travailler jusqu'à ce qu'elle soit verte comme de l'herbe. On garde cette dissolution dans une bouteille, pour s'en servir au besoin.

La livre dont on entend parler dans cet ouvrage, est de 16 onces.

ARTICLE XV.

Manière de faire un second Violet pour Calanca.

On prend moitié de couleur noire

de l'article XI, & moitié de vinaigre ;
fur douze pintes, on met trois livres
de falpètre, trois livres de fel gemme,
une once de vitriol de Chypre, demi-
once de vert-de-gris, un quart d'once
de fel ammoniac ; enfuite on le cuit &
on le gomme comme le premier.

A R T I C L E   XVI.

Autre fecond Violet pour Calanca.

On prend moitié de la couleur noire
de l'article XI, & moitié de vinaigre,
& l'on met fur douze pintes fix livres
de falpètre, fix livres de fel gemme, &
un quart d'once de fel ammoniac. On
fait cuire le tout, & on le gomme comme
les autres.

A R T I C L E   XVII.

Pour faire le troifième Violet pour Calan-
ca, ou le Violet clair.

Il faut prendre une mefure de couleur
noire de l'article XI, & deux mefures de
vinaigre, y ajouter pour chaque pinte
trois onces de falpètre, une once & demie de fel gemme, demi-once d'efprit
de fel ammoniac : le tout cuit & gommé
comme ci-devant.

B v

Article XVIII.

Autre manière de faire le troisième Violet, en plus grande quantité & à moindres frais.

Il faut mettre dans une chaudière sept seaux d'eau claire, & autant de couleur noire de l'article IX ; ajoutez - y deux livres de sel gemme, faites bouillir le tout ensemble pendant une heure & demie, ayant soin de toujours bien l'écumer. On transvase la liqueur dans une cuve, & on la laisse reposer quatre jours ; ensuite, pour s'en servir, on prend la quantité que l'on veut, & l'on y ajoute pour chaque pot une livre de gomme pilée, que l'on fait fondre dans la couleur, ou bien quatre onces d'amidon, que l'on détrempe avec suffisamment d'eau froide. Après qu'elle est cuite avec cette eau & passée au tamis, on la mêle avec la couleur pour s'en servir.

Remarquez que le seau contient douze pots, ou vingt-quatre pintes, mesure de Paris.

A R T I C L E XIX.

Autre Violet plus clair.

Après avoir mis dans une cuve trente-six feaux d'eau gommée bien épaiſſe, on y ajoute treize feaux de la couleur noire de l'article IX, & deux livres de fel gemme pilé, le tout bien mêlé enſemble; ajoutez-y encore trois feaux de la même couleur noire, & remuez bien le tout. On peut s'en fervir tout de fuite, après l'avoir paſſé au tamis.

A R T I C L E XX.

Autre Violet, pour des Fonds.

Prenez foixante pots de couleur noire de l'article IX, faites-les cuire & écumer en la manière ordinaire; gommez de même cette liqueur : ajoutez-y enſuite foixante pots d'eau, dans laquelle vous aurez fait fondre fix livres de chaux vive, & cinquante livres de falpètre : Mêlez bien le tout, & paſſez-le au tamis. Bon & éprouvé.

A R T I C L E XXI.

Autre Violet, pour Calanca.

Il faut mettre dans un pot de terre

net foixante pots de couleur noire de l'article IX, cinq pots d'eau de gomme bien épaiffe, une livre de fel gemme ; le tout étant bien mêlé enfemble, la couleur eft faite.

A R T I C L E XXII.

Autre Violet plus clair.

On met enfemble fix pots de couleur violette de l'article XXI, quatre pots de vinaigre, & l'on gomme à l'ordinaire. Eprouvé bon.

A R T I C L E XXIII.

Autre Violet plus clair.

Il faut mettre enfemble fix pintes de violet foncé de l'article XXI, avec quinze pintes d'eau gommée. Eprouvé bon.

A R T I C L E XXIV.

Autre Violet.

Prenez un pot de couleur noire de l'article IX, deux pots d'eau de gomme bien épaiffe, & une once de fel gemme : Mêlez bien le tout enfemble, & paffez-le au tamis. Eprouvé bon.

ARTICLE XXV.

Autre Violet, très-beau & solide.

Il faut mettre dans une cuve, sur dix seaux de bain de ferraille, fait avec du vinaigre de bière blanche, trois seaux de vinaigre de vin; ajoutez-y cent cinquante livres de ferraille bien nettoyée, & laissez le tout infuser pendant six jours; ajoutez-y encore une livre de sel de Saturne : ensuite tirez au clair, & gommez comme ci-devant.

ARTICLE XXVI.

Façon de faire le premier Rouge, pour Calanca, très-solide.

Mettez dans un pot de terre sept onces d'alun de Rome pilé, une once & demie de sel ammoniac, une once & demie de sel de nitre ou salpètre, une once d'arsenic rouge ou orpiment, le tout bien pilé, & détrempé ensemble dans une pinte de vinaigre. Laissez tremper ce mêlange pendant vingt-quatre heures.

Ayant fait détremper à part, aussi dans du vinaigre, une once & demie de soude d'Alicante, pilée bien fine,

que l'on a foin de remuer peu à peu,
jufqu'à ce qu'elle ne fermente plus, on
la verfe avec les drogues précédentes.
Ajoutez-y encore demi-once de fel de
Saturne, avec une pinte & demie d'eau;
faites bouillir le tout enfemble quelques
minutes, remuant continuellement. On
le gomme avec l'amidon comme à l'ordinaire.

ARTICLE XXVII.

Second Rouge, pour Calanca.

On mêle enfemble quatre onces d'alun
de Rome, une once de fel ammoniac,
demi-once de falpêtre, un quart-d'once
d'orpiment, demi-once de foude d'Alicante, deux onces d'alun calciné; le
tout étant mis en poudre, vous le mêlerez bien enfemble, & vous verferez
par deffus une pinte & demie d'eau de
rivière toute gommée, ayant foin de
remuer jufqu'à ce que le tout foit fondu, & la couleur eft faite.

ARTICLE XXVIII.

Autre forte de Rouge pour Calanca.

Il faut, fur deux pintes d'eau, mettre une livre d'alun de Rome, que vous ferez fondre fur le feu ; ajoutez - y enfuite une once & demie d'arfenic blanc, une once & demie de litarge d'or, quatre onces de fel de Saturne, demi - once d'antimoine, demi-once de fublimé corrofif, une once de foude d'Alicante pilée fine : faites fondre le tout enfemble fur un feu doux, & gommez à l'ordinaire. Si on y met la vingtième partie d'un pot de couleur noire de l'article IX, on aura un rouge extrêmement foncé, tirant fur le pourpre. Eprouvé.

ARTICLE XXIX.

Autre Rouge très-beau.

On fait fondre dans fuffifante quantité de vinaigre quatre onces d'alun de Rome, demi-once de fublimé corrofif, une once d'arfenic blanc, demi-once de fel de Saturne, & demi-once de foude d'Alicante ; ajoutez-y un demi-verre d'efprit de vin. Mêlez bien le tout dans trois pintes d'eau gommée, & le rouge eft fait.

ARTICLE XXX.

Troifième Rouge, pour Calanca fin.

Faites fondre dans deux pots d'eau

une once d'alun de Rome, une once
d'arſenic blanc, un huitième d'once de
ſoude d'Alicante broyée avec du vinaigre, & un quart de verre d'eſprit de
vin, comme ci-deſſus : Très-bon.

A R T I C L E XXXI.

Autre excellent Rouge, pour teindre des
Toiles fines en grande quantité.

On fait fondre ſoixante livres d'alun
de Rome dans quarante-huit ſeaux d'eau,
que l'on verſe dans une cuve avec deux
livres de *terra merita*, ou de raucour :
ajoutez enſuite dans la cuve ſix livres
de ſoude d'Alicante, ſix livres de ſel
ammoniac, huit ſalsfaris, & encore ſix
ſeaux d'eau chaude. Le tout ayant été
bien remué & mêlé enſemble, laiſſez-le
repoſer vingt - quatre heures. Si on le
gomme avec de la gomme arabique, il
en faut cent dix livres fondues avec de
l'alun : ſi on ſe ſert d'amidon, il en faut
dix ou onze livres délayées & cuites à
part, que l'on paſſe au tamis, & que
l'on mêle avec la couleur.

Article XXXII.

Autre très-beau Rouge, pour imprimer sur des Toiles sans engaller.

Mettez dans un pot, contenant vingt-huit pintes, six livres d'alun de Rome en poudre ; versez dessus dix pintes d'eau chaude, demi-livre de soude d'Alicante, & demi-livre de sel de Saturne : laissez tremper ce mêlange pendant quatre jours, ayant soin de le remuer tous les jours deux fois ; au bout de ce temps, vous y ajouterez seize pintes d'eau gommée bien épaisse, & la couleur sera faite.

Article XXXIII.

Autre Rouge-Brun, dit fin Rouge.

Mettez dans une cuve cent dix livres de gomme en poudre, versez par-dessus cent huit pots d'eau bien chaude, & remuez toujours jusqu'à ce que la gomme soit fondue ; ajoutez-y cinq livres de vitriol commun, cinq livres de salsfaris, vingt-cinq livres d'alun de Rome fondu dans quinze pintes d'eau à part, que l'on verse par-dessus le tout, ce qui doit faire bouillonner la couleur pendant un quart-d'heure : On remue toujours jufqu'à ce que le tout foit bien fondu. Si l'on veut l'avoir plus foncé, on y ajoute une livre de raucour, ou un verre de couleur noire de l'article IX, & l'on paffe le tout au tamis pour s'en fervir.

ARTICLE XXXIV.

Autre Rouge.

Faites fondre cinquante-cinq livres d'alun de Rome dans quatre feaux d'eau chaude; ajoutez-y fix livres de blanc de plomb, ou de cérufe, détrempé à part, trois livres de foude d'Alicante auffi détrempée à part, vingt-deux livres de fel de Saturne détrempé à part; mêlez bien le tout enfemble, remuez bien, & laiffez-le repofer vingt-quatre heures. Vous y mettrez enfuite huit feaux d'eau gommée comme à l'ordinaire, & vous pafferez cette couleur au tamis avant que de vous en fervir.

ARTICLE XXXV.

Autre forte de Rouge bon pour Patenace.

Mettez dans une cuve deux cents livres de gomme pilée, & verfez deffus quatorze feaux d'eau chaude; remuez bien jusqu'à ce que la gomme soit fondue ; ajoutez-y dix livres de soude d'Alicante détrempée à part, six livres d'arsenic blanc détrempé aussi à part, cinquante livres d'alun de Rome fondu à part dans six seaux d'eau chaude, six livres de garance, que l'on met avec l'alun dans les six seaux d'eau chaude : Versez le tout dans la cuve où est l'eau de gomme ; ajoutez encore cinq livres de craie blanche détrempée à part. Si les ingrédiens sont bons, la couleur doit s'enfler ; c'est pourquoi il faut que la chaudière soit assez grande pour que la couleur ne se perde pas.

A r t i c l e XXXVI.

Autre Rouge pour Patenace, beau & bon.

Ayant mis dans une cuve assez grande cent douze livres d'alun de Rome, versez dessus neuf seaux d'eau tiède, laissez-le dissoudre pendant vingt-quatre heures ; ajoutez-y huit livres de blanc de plomb détrempé à part, vingt-cinq livres de sel de Saturne détrempé à part, & quinze seaux d'eau gommée comme à l'ordinaire : Mêlez bien le tout en-

semble, & paſſez au tamis, puis ſervez-
vous-en. Eprouvé.

ARTICLE XXXVII.

Autre Rouge, pour le même.

On met dans une cuve quarante-ſix
livres d'alun de Rome, on verſe deſſus
cinq ſeaux d'eau, & on le laiſſe tremper pendant vingt-quatre heures : ajoutez-y ſix livres de blanc de plomb détrempé à part, quatre livres de ſoude
d'Alicante, auſſi détrempée à part, &
ſix livres de ſel de Saturne ; mêlez bien
le tout enſemble dans dix-ſept ſeaux
d'eau gommée, & paſſez-le aux tamis
comme il eſt dit ci-devant.

ARTICLE XXXVIII.

Autre Rouge anglois.

On met dans un pot, contenant trente
pintes, huit livres d'alun pilé, une livre
de ſoude d'Alicante pilée & détrempée
avec du vinaigre, une livre d'arſenic
blanc détrempé avec de l'eau, & deux
onces de potaſſe : verſez deſſus dix pintes d'eau chaude, & remuez bien le tout.
Ajoutez-y une livre de blanc de plomb

détrempé à part, une livre de sel de Saturne, une livre de litarge d'or, un quart de livre d'orpiment, & dix-huit pintes d'eau gommée ; remuez bien le tout enfemble pendant une demi-heure, enfuite paffez-le au tamis.

Article XXXIX.

Autre excellent Rouge, pour Toile fine.

Ayant mis dans un pot, contenant vingt-huit pintes, fix livres d'alun de Rome en poudre, verfez deffus douze pintes d'eau chaude, remuez pendant une heure ; ajoutez-y une livre de foude d'Alicante détrempée à part, deux onces de vitriol de Chypre, & un quart d'once de falpètre ; remuez le tout enfemble encore pendant une heure, ajoutez-y enfuite trois livres de fel de Saturne : verfez deffus le tout quatorze pintes d'eau gommée ; laiffez repofer la couleur vingt-quatre heures pour vous en fervir.

Article XL.

Autre Rouge, plus haut.

Verfez fur vingt-une livres d'alun de

Rome en poudre quarante-huit pintes d'eau froide, & remuez bien ; ajoutez-y deux onces de vitriol de Chypre, quatre livres de foude d'Alicante détrempée à part, trois livres de fel de Saturne, & vingt-huit pintes d'eau gommée bien épaiffe ; remuez bien le tout enfemble, & la couleur eft faite.

Article XLI.

Manière de faire le fecond & le troifième Rouges pour Calanca.

On mêle bien enfemble parties égales du rouge de l'article XXXIII, & d'eau gommée ; &., pour faire le petit rouge, on mêle enfemble parties égales du fecond rouge de cet article, & d'eau gommée.

Article XLII.

Pour faire du Rouge Rofe.

Sur une livre de bois de Bréfil, ou de Fernambuc, qui a trempé dans de l'eau de pluie ou de rivière pendant vingt-quatre heures, on verfe deffus huit pintes de la même eau, une demi-once d'agaric raclé, & un huitième d'once de mouches cantarides; on fait bouillir le tout ensemble jufqu'à diminution de moitié, on le paffe au tamis; &, pour s'en fervir, on y ajoute deux onces d'alun de Rome en poudre, ou de la crême de tartre, plus ou moins, à proportion qu'on veut foncer la couleur; pour la gommer, il faut trois quarts de livre de gomme arabique pour chaque pot de couleur.

ARTICLE XLIII.

Pour faire de la couleur Mufc, & de l'Incarnat, pour imprimer des Fonds.

Pour le mufc, vous mêlerez enfemble une mefure de rouge de l'article XXXIII, avec trois mefures de noir de l'article IX. Pour faire l'incarnat, on met fur dix mefures du même rouge, une mefure du même noir.

ARTICLE XLIV.

Méthode pour bouillir les Pièces fans Garance.

On met dans vingt-quatre pintes d'eau de rivière, une pinte de bouillon comme il eft indiqué à l'art. XLII, & on

y paſſe les pièces comme dans la garance, excepté qu'on les retire avant
que la chaudière bouille : on les blanchit à l'ordinaire.

A R T I C L E XLV.

*Manière de bouillir les Pièces à la Co-
chenille.*

On fait bouillir dans un pot de terre
dix pintes d'eau, avec demi-livre de
cochenille, pendant une demi-heure ;
on les met enſuite dans la chaudière où
l'on veut faire bouillir les pièces, &
pour chaque pinte de cette couleur,
on y ajoute vingt-quatre pintes de la
même eau, & l'on paſſe les pièces comme avec la garance.

A R T I C L E XLVI.

*Autre méthode pour bouillir des Pièces ; ſa-
voir, Noir, Citron & Olive, bon teint.*

Les pièces doivent être imprimées
avec le rouge & le noir ordinaires ; &,
pour faire la couleur d'olive, on imprime avec un mélange de parties égales de petit rouge & de petit violet ;
enſuite on fait une forte décoction de
genet,

genet, herbe jaune, avec de l'eau de pluie : Après l'avoir épluchée, en la coupant en deux, on jette le côté de la racine pour ne ſe ſervir que de l'autre bout : On met dans un pot de cette couleur, vingt-quatre pots d'eau de rivière ; on fait enſuite bouillir les pièces dedans, comme dans la garance, ainſi qu'on l'a expliqué article VII. On voit avec plaiſir que tout ce qui eſt imprimé en noir reſte noir, le rouge devient citron, & le mêlange du petit violet & du petit rouge devient olive. On le blanchit comme ci-deſſus.

Article XLVII.

Pour faire du Jaune ſolide à imprimer.

On prend la quantité que l'on veut de limaille de fer, préparée comme il eſt dit à l'article XI; on la met dans un tonneau, &, pour chaque livre, on verſe deſſus ſix pintes de bon vinaigre de vin, une demi-once d'orpiment du plus jaune, un huitième d'once de vert-de-gris, & une pincée de ſafran; broyez bien le tout avec du vinaigre, & laiſſez-le tremper pendant ſix ſemaines, en ſou-tirant la liqueur tous les jours trois ou

quatre fois, & la reverfant toujours deffus. Enfuite on fait cuire & écumer cette
couleur, & on la gomme comme les
autres.

Article XLVIII.

Pour faire le Bleu folide à peindre & à
imprimer.

On met dans un pot de terre neuf
quatre onces de chaux vive, & quatre
onces de foude d'Alicante en poudre :
On fait bouillir les deux drogues enfemble, enfuite on filtre cette leffive
au papier gris, & fur neuf onces de
cette liqueur, on met une once d'indigo
catimalo bien broyé avec de la même
leffive, une demi-once d'arfenic rouge
ou orpiment, deux onces & demie de
potaffe, & deux onces & demie de
gomme arabique en poudre. On fait
cuire le tout enfemble, jufqu'à ce que
le deffus paroiffe brillant comme du
cuivre rouge, & la couleur eft faite.
Eprouvé.

Article XLIX.

Autre Bleu folide, fans Indigo.

On met dans un pot neuf trois onces de chaux vive, deux onces de foude d'Alicante en poudre, demi-once de tartre de Montpellier, auffi en poudre, & trois pintes d'eau de pluie. Faites bouillir le tout pendant une demi-heure; filtrez cette leffive au papier gris, & fur une demi-pinte de cette leffive ajoutez-y quatre onces de lacmous d'Angleterre (ce font de petites pierres bleues); ajoutez encore une demi-once d'orpiment, & fix onces de gomme arabique: broyez bien le tout, & faites-le cuire comme le précédent. Eprouvé.

A R T I C L E L.

Façon d'imprimer le Bleu folide.

Au lieu de chaux, comme il eft dit ci-devant, on fait bouillir de la graine de lin dans fuffifante quantité d'eau, & l'on verfe le tout dans le grand baquet, en place d'eau gommée. On met enfuite un chaffis de toile cirée qui nage deffus cette drogue; on met encore un autre chaffis qui entre dans celui-là, dont le fond doit être de chapeau de caftor, ou de peau de chamois, fur laquelle on étend la couleur. Il faut avoir grand foin, en quittant l'ouvrage, de bien laver la planche dont on s'eft fervi, ainfi que le chaffis de peau. Il faut auffi que les pièces que l'on imprime foient bien calandrées.

Article LI.

Autre Bleu folide, pour mettre au pinceau.

Sur huit pintes d'eau nette, mettez fix onces de potaffe ou cendre, gravelée, deux onces de tartre de Montpellier en poudre, demi-once d'indigo broyé fin, une livre de chaux vive en poudre, & mife peu à peu dans le pot; faites bouillir le tout enfemble pendant une demi-heure; & gommez avec du fucre candi, jufqu'à ce qu'il ne fonge plus fur la toile.

Article LII.

Autre forte de Bleu à imprimer.

Ayant mis dans une chaudière vingt livres de bois de Bréfil moulu, verfez deffus quatorze feaux d'eau; laiffez-le tremper vingt-quatre heures fur un petit feu doux, pour l'entretenir toujours chaud: mettez-y enfuite quatre onces de garance, deux onces d'alun de Rome, quatre onces d'indigo broyé fin, augmentez le feu & faites bouillir la liqueur

jufqu'à diminution de moitié. Il faut paffer cette couleur au tamis, & à mefure
qu'on veut s'en fervir, on y ajoute fur
chaque pot une demi-once de vitriol de
Chypre en poudre, & on la gomme avec
de la gomme arabique.

Article LIII.

Façon de faire le Bleu appelé Bleu Anglois.

Ce bleu ne fe fait que fur des toiles
fines, & l'on n'a befoin, pour l'imprimer,
que d'indigo bien broyé avec de la leffive
de potaffe.

Pour faire cette leffive, on fait bouillir
une livre de potaffe dans trois pintes
d'eau de rivière, jufqu'à diminution du
tiers. Vous filtrez cette leffive au papier
gris ; & pour vous en fervir, il faut
broyer votre indigo bien fin, & en con-
fiftance de bouillie claire propre à imprimer.

Les deffeins que l'on exécute en cette
forte d'indienne, doivent être gravés extrêmement fin, & tout ombrés, parce
qu'on n'y met jamais qu'une couleur :
Quand la pièce eft imprimée, on la laiffe
fécher vingt-quatre heures, enfuite on

la paſſe par les bains comme ci-après,
que l'on tient préparés.

Compoſition du premier Bain.

Faites fondre cinquante livres de chaux
vive dans vingt-cinq ſeaux d'eau de rivière, dans un vaiſſeau de bois : Quand
la chaux eſt toute éteinte, & qu'elle ne
fermente plus, laiſſez-la repoſer, & tirez
cette eau au clair, par inclination, dans
une autre cuve. Il faut que cette cuve
ſoit aſſez large, pour que les pièces puiſ-
ſent entrer dedans toutes déployées,
comme il ſera dit ci-après.

Compoſition du ſecond Bain.

Vous avez vingt-cinq ſeaux d'eau de
rivière dans une chaudière ſur le feu ;
vous y mettez vingt livres de belle potaſſe, que vous faites bouillir pendant une
heure, en remuant de temps en temps
avec un bâton ; après quoi vous la laiſſez
refroidir & la tirez au clair dans une cuve
auſſi grande que la première.

Remarquez qu'en faiſant bouillir la
potaſſe, on y met un ſac de toile forte,
ſuſpendu par une ficelle à un bâton qui
traverſe la chaudière, dans lequel ſac on
aura mis deux livres d'orpiment en paill-

lettes d'or & en poudre : vous l'y laiſſez tout le temps que la chaudière bout.

Compoſition du troiſième Bain.

On mêle enſemble, dans une cuve de même grandeur que les autres, quatre parties d'eau de rivière & une d'eſprit de vitriol, & l'on fait de ce mêlange autant qu'il en faut pour égaler la même quantité des deux autres.

Façon de paſſer les Pièces par les Bains.

Les trois bains étant ainſi préparés, vous y paſſez vos pièces par le moyen d'un tourniquet établi au deſſus de chaque cuve. On commence par le bain de chaux, & l'on y fait paſſer la pièce, toujours en allant & venant, pendant un quart-d'heure. Après l'avoir retirée du premier bain, vous la paſſez tout de ſuite dans le bain de potaſſe de la même façon, & pendant le même eſpace de temps. Votre pièce doit devenir dans ce bain extrêmement ſale, couleur de cendre. On la retire & on la paſſe, le plus vîte qu'il eſt poſſible, par le bain de vitriol, juſqu'à ce que la pièce ſoit blanche : alors le bleu, imprimé avec l'indigo ſeulement, eſt bon teint.

Ces mêmes cuves peuvent servir juf-qu'à extinction, excepté celle de vi-triol, qu'il faut renforcer quand elle eft affoiblie. *Ce fecret eft tiré d'un fameux Colorifte anglois.* Eprouvé.

A R T I C L E LIV.

Vert à imprimer, beau & bon. Eprouvé.

Mettez dans une chaudière quinze livres de bois de Bréfil moulu, dix li-vres de bois jaune ou de Campèche, qua-tre onces de chaux vive ; verfez deffus douze feaux d'eau, & faites bouillir le tout jufqu'à la confommation du tiers ; tirez-le enfuite au clair, faites bouillir pendant une heure toute la liqueur que vous en aurez retirée, avec huit li-vres de graine d'Avignon concaffée : Paffez cette couleur au tamis, & confer-vez-la dans un vafe bien bouché. On la gomme à mefure qu'on s'en fert, & on y ajoute pour chaque pot un quart-d'once de vert-de-gris en poudre. Il eft bon & éprouvé.

A R T I C L E LV.

Autre Vert.

On met douze feaux d'eau fur dix-

fept livres de bois de Bréfil moulu,
onze livres de bois jaune, quatre onces
de raucour & quatre onces de chaux
vive; on fait bouillir tout cela jufqu'à
diminution du tiers; on le paffe au
tamis. Faites bouillir cette teinture avec
neuf livres de graine d'Avignon pilée,
& pour le refte, vous gommerez &
préparerez comme le vert précédent.

Article LVI.

Pour faire du beau Jaune à imprimer,
bon pour des fonds.

Faites tremper dans un demi-feau d'eau
une livre de noix de galle concaffée;
ayant mis enfuite fur le feu une chaudière & cinq feaux d'eau dedans, vous
y verferez l'infufion de galle, & vous
y ajouterez vingt livres de bois jaune,
& dix livres de graine d'Avignon concaffée ; faites cuire tout cela jufqu'à diminution de moitié; ajoutez-y trois livres d'alun de glace fondu à part. Paffez le tout au tamis, & gommez avec
de la gomme arabique.

ARTICLE LVII.

Autre sorte de Jaune pour mettre au pinceau.

Il faut mettre deux onces de graine d'Avignon pilée, une once de bois jaune, une once d'écorce d'orange, & une once d'écorce de pomme de grenade, dans trois pintes d'eau de rivière ou de pluie ; laissez tremper le tout vingt-quatre heures : ensuite faites-le cuire pendant deux heures ; ajoutez-y une demi-livre d'alun pilé & fondu à part, & mettez-y la gomme nécessaire. Si on veut l'avoir plus jonquille, on y met un peu d'eau-forte tirée sur du sel gemme, ou sur de la chaux vive.

ARTICLE LVIII.

Manière de faire la Cuve Bleue à froid, pour les Mouchoirs à double face.

On met dans une cuve de bois blanc, pour chaque livre d'indigo broyé fin, deux livres de couperose, quatre livres de chaux vive, & douze pots d'eau : laissez tremper le tout vingt-quatre heures, dans l'espace duquel temps on remue les drogues de temps à autre : On a de l'autre eau tirée sur de la chaux vive, une livre pour chaque feau ; on ajoute de cette feconde eau quatre feaux fur un de la première : on le laiffe cuver pendant huit jours, en le remuant quatre fois le jour, après quoi on effaye de tremper de petits morceaux de toile ou de coton. On connoît que la couleur eft bonne, fi les morceaux de toile font bien verts en les fortant de la cuve, & deviennent bleus en les lavant. Quand la cuve commence à s'affoiblir, on lui redonne de la force en y mettant un peu de chaux vive & de cendre gravelée, ou de pierre à vin en poudre.

Article LIX.

Compofition pour faire le Réfervage.

Il faut, pour chaque pinte d'eau, fix onces de gomme pilée, un quart d'once d'amidon détrempé à l'eau froide, une demi-once de térébenthine, un quart d'once de fuif de chandelle : On laiffe bouillir le tout enfemble pendant un demi-quart-d'heure, enfuite on le retire du feu & l'on y ajoute huit onces de terre de pipe détrempée avec de l'eau comme l'amidon ; on mêle bien le tout enfemble, en remuant fans ceffe jufqu'à ce que cela foit froid. Si la liqueur étoit trop claire, on y ajouteroit de l'amidon & du fuif autant qu'il en feroit befoin. On imprime avec cette compofition tout le blanc que l'on veut réferver dans un fond bleu, & tous les fonds qui fe teignent en cuve à froid.

Article LX.

Autre compofition pour faire des Indiennes bleues & blanches, dites Porcelaines.

On fait fondre dans quatre pintes d'eau huit onces de gomme en poudre, & on prend de cette eau pour broyer fur un marbre, huit onces de terre de pipe, & autant d'arfenic blanc, broyé à part avec la même eau; enfuite on les mêle enfemble, & l'on y ajoute quatre blancs d'œufs, & gros comme une noix de noir de fumée : On ne met pas toute l'eau de gomme à la fois, mais feulement ce qui eft néceffaire pour que la compofition foit affez épaiffe pour imprimer.

Article LXI.

Manière de faire des Fonds Gris-de-Perle.

On prend de la couleur bleue, comme il eſt dit à l'article XLVIII, on y ajoute quatre fois autant d'eau, on la fait bouillir, & on la met dans un baquet propre à paſſer les pièces; & quand cette couleur eſt froide, on les y paſſe avec un moulinet. Il faut, avant que de paſſer les pièces, que la compoſition du réſervage ſoit bien ſèche. On fait les fonds auſſi foncés que l'on veut, en repaſſant les pièces à pluſieurs repriſes : enſuite on les lave, pour ôter la compoſition qui couvroit les fleurs.

Article LXII.

Pour faire des Fonds Olive.

On fait bouillir enſemble des herbes de gaude avec autant de bois jaune pendant deux heures, avec une quatrième partie de potaſſe; on a du bois de Bréſil, qui a trempé à part depuis la veille, on le fait bouillir de même avec un peu de vert-de-gris : On mêle de cette dernière teinture avec la première, à proportion qu'on veut que la couleur ſoit plus ou moins foncée. On y paſſe les pièces comme à l'article précédent.

ARTICLE LXIII.

Secret pour faire revenir les couleurs Noire & Violette, que le soleil auroit altérées sur le pré.

On met sur deux onces de bois de Bré-sil trois pintes d'eau, & on fait cuire cela jusqu'à diminution de moitié : on met de ce bouillon dans la grande chau-dière, &, pour chaque pot, on y ajoute vingt pots d'eau de rivière. Quand le tout est bien chaud, on y passe les piè-ces qui n'ont pas assez de couleur, & on fait la même opération que lorsque l'on passe par la garance, si ce n'est qu'il ne faut pas laisser bouillir les pièces. On les fait laver & remettre sur le pré, pour les reblanchir.

ARTICLE LXIV.

Recette pour ôter les Taches qu'on auroit pu faire en fabriquant les Pièces.

On met de l'oseille de pré dans un pot de terre, on le remplit avec du bon vi-naigre, on le couvre bien, & on la laisse tremper jusqu'à ce que l'on voye qu'elle devienne jaune & se pourrisse ; après quoi on la fait bouillir un peu, &

on y ajoute, en la retirant du feu, un
quart d'once d'efprit de vitriol pour chaque pinte, & plein une cuiller à bouche de jus de citron. Pour empêcher
que cette liqueur ne coule, en la mettant fur les taches, on y met, en la faifant cuire, une once de favon gris par
pinte ; enfuite, avec un pinceau, on en
met fur toutes les taches pendant que
les pièces font encore fur le p....

Article LXV.

Secret pour ôter les couleurs Bleues, Vertes, & Jaunes.

On met fur deux feaux d'eau une livre & demie d'alun de Rome, une livre de tartre ou pierre de vin, & une
once & demie d'eau-forte : on fait bouillir le tout enfemble, on le laiffe refroidir, & on y trempe les pièces à plufieurs
reprifes ; on les rince auffi-tôt, & on
les repaffe dans une chaudière avec de
l'eau de potaffe ou cendre gravelée, avec
un peu de jus de citron, ou du bon vinaigre.

ARTICLE LXVI.

*Pour donner un beau Luſtre aux Pièces,
lorſqu'elles ſont toutes finies & blanchies.*

Après que les pièces ſont bien blanches, on les rince bien à l'eau courante ; on fait enſuite cuire ſuffiſante quantité d'amidon en conſiſtance de bouillie,
dans laquelle on met, en cuiſant, un
peu d'indigo broyé bien fin avec de l'u-
rine, prenant garde de n'en pas mettre
plus qu'il ne faut pour donner un œil
bleuâtre à l'amidon. Lorſqu'on veut donner l'apprêt aux pièces, on met dans
une cuve autant d'eau que d'amidon,
& on tord les pièces ſur cette cuve,
pour ne pas perdre l'apprêt qui en ſort.
Quand les pièces ſont ſèches, on les
détire, on les calandre, & on les paſſe
au ſatinage pour les glacer, après les
avoir frottées de cire.

ARTICLE LXVII.

*Inſtruction pour mettre les Bleus, les Jaunes
& les Verts, après que les pièces ſont hors
de deſſus le pré.*

Il y a pluſieurs façons de mettre les
bleus, les jaunes, & les verts ſur les in-

diennes : les uns les mettent à la planche, les autres les mettent au pinceau ; la dernière façon est la meilleure : je vais cependant parler de deux, afin que l'on connoisse l'avantage de l'une & de l'autre. Ceux qui mettent ces couleurs à la planche, sont obligés de faire graver les planches que l'on nomme *rentrures* : on étend le bleu & le jaune dans le chassis, comme les autres couleurs, observant qu'il faut des chassis exprès. On imprime premièrement le bleu, ensuite on lave la pièce tout de suite, en la laissant un peu tremper, après quoi on la fait sécher, pour y appliquer le jaune qui s'imprime de même. Avec ces deux planches on fait trois couleurs, qui font, bleu, vert & jaune ; tous les verts & les bleus doivent être imprimés avec la planche bleue ; tous les jaunes & les verts se font aussi avec la planche jaune. On comprend aisément que tout ce qui doit être vert est imprimé de bleu & de jaune, que les fleurs bleues ne se couvrent point de jaune, & qu'on ne met point de bleu sous les fleurs jaunes.

Fin des Secrets concernant la fabrication de l'Indienne.

SECONDE PARTIE.

*Manière simple, vraie, & im-
manquable de faire toutes les Couleurs en liqueur, dont on se sert
pour peindre sur les Etoffes de soie,
en Miniature; pour laver les Desseins & les Plans; teindre le Papier, la Paille & le Crin, &c.*

Ces Couleurs n'altèrent point l'Étoffe, comme quelques
personnes l'ont avancé; elles sont à l'épreuve du grand
air & du soleil.

Nº I.

*Pour faire le beau Rouge liquide, plus beau
que le Carmin.*

ON prend une once de carmin du
plus beau, on le fait bouillir dans un
pot ou une cafétière de fayence brune
& neuve, avec un demi-septier d'eau
de pluie ou de rivière clarifiée. Quand

elle a bouilli pendant quatre ou cinq minutes, on verſe dedans la huitième partie d'un demi-ſeptier d'eſprit de ſel ammoniac, peu à peu, parce que cela fait gonfler la couleur comme du café. En conſéquence, il faut avoir une café-tière qui tienne le double de ce que l'on veut faire de couleur : Quand tout l'eſprit de ſel ammoniac y eſt entré, on laiſſe encore bouillir le tout l'eſpace de deux minutes, enſuite on le laiſſe re-froidir & dépoſer dans le même vaiſſeau pendant vingt-quatre heures, après quoi on le verſe par inclination dans une bouteille propre, juſqu'à ce qu'on aperçoive le marc. On doit conſerver ſoigneuſement cette couleur, pour s'en ſervir à tout ce que l'on voudra ; on en verra la beauté & la ténacité, ſi l'on en met ſur les doigts.

Remarquez qu'en faiſant cette cou-leur, il faut la remuer comme du café, avec une cuiller d'argent, ou une ſpa-tule de bois blanc. On fait encore re-bouillir le marc comme ci-deſſus, avec la même quantité d'eau & d'eſprit de ſel ammoniac, & l'on ſe conduit de même dans l'opération. Cela produit un demi-rouge, c'eſt-à-dire, une couleur de rofe auffi belle que peut produire la nature.

N° II.

Manière de faire le Rouge-Brun, fi rare & fi peu connu, dont M. Stoupan fe fert pour faire fes beaux Paftels rouges, que perfonne n'a pu faire, comme lui, jufqu'à préfent.

On prend une livre de beau bois de Bréfil ou de Fernambuc, mis en petits copeaux; on le met dans une bouteille à large goulot, comme font celles dont on fe fert pour confire des cerifes. Il faut que cette bouteille tienne quatre pintes de Paris. En y mettant votre bois, qui eft raboté bien menu, à chaque lit, épais de quatre doigts, vous y mettez une once d'alun de Rome pilé en poudre fine & tamifée, de façon que vous en faites quatre lits, pour qu'il n'y entre que quatre onces d'alun, & que le dernier lit foit d'alun. Enfuite on remplit la bouteille avec de l'urine d'homme, que l'on aura gardée, prenant garde de n'y pas mettre ce qui fe dépofe au fond ordinairement, car cela feroit tourner la couleur. On expofe enfuite la

bouteille, bien bouchée, & point trop
pleine, dans un endroit où le foleil donne
ardemment, pendant un mois, au bout
duquel temps la couleur eft faite. En
l'effayant fur du papier, vous la trou-
verez d'un rouge rofe & tendre, & vous
remarquerez qu'elle brunit en féchant;
cependant cette couleur eft deftinée à
faire ce beau rouge foncé & velouté.
Pour l'obtenir, on en met fur une af-
fiette de fayence, on y mêle le marc du
carmin qui refte de la couleur précé-
dente, & on la met à moitié pleine fur
une fenêtre, ou autre endroit, expofée
au grand air : quand on voit que la couleur eft defféchée, on y en remet d'autre, & toujours ainfi, jufqu'à ce qu'on
la trouve affez foncée. On la gomme
avec de la gomme arabique : il eft bon
de la gommer en la faifant deffécher. Si
l'on veut que la couleur foit belle &
veloutée, il faut toujours, en l'em-
ployant, qu'il y ait deffous du beau
rouge fait avec le carmin, & vous ferez
enchanté de la beauté de cette couleur.
On peut également la faire, quoiqu'il n'y
ait point de foleil, en mettant la bouteille, où elle eft renfermée, fur le cul
d'un four que l'on chauffe fouvent.

N ° III.

Façon de faire toute sorte de Violets, sur-
tout le beau Violet velouté, si rare, &
que tant d'Artistes cherchent.

Prenez une bouteille semblable à celle
dont il est parlé au n° II ; au lieu de
bois de Fernambuc, prenez du bois d'Inde, ou bois violet, aussi raboté, & opé-
rez exactement de même qu'au n° II,
excepté qu'au lieu d'alun de Rome, il
faut se servir d'alun de glace. Après que
la bouteille a resté un mois au soleil,
ou à la chaleur du cul d'un four, vous
faites évaporer de même la couleur dans
une assiette de fayence, en la gommant
avec de la gomme arabique. Comme il
y a beaucoup de choix dans les violets,
& qu'on en fait depuis le pourpre jusqu'au bleu, je donnerai ici la façon d'en
faire quelques-uns, par le moyen de ces
liqueurs. Celui-ci tout pur fait un véri-
table violet, pareil aux fleurs de pieds
d'alouette, & de pensées. Pour l'avoir
un peu plus cramoisi, vous y mettez de
la liqueur du n° II, qui s'accorde par-
faitement avec celui-ci, à votre volonté ;
vous ferez toujours un beau violet velouté. Si vous peignez de grandes par-

ties, comme draperies ou grosses fleurs, en y ajoutant un peu de liqueur bleue, vous ferez de toute sorte de violets.

N° IV.

Secret pour faire différens Jaunes rares, qui ne s'évaporent point à l'air, comme ceux que l'on a communément.

Presque tout le monde sait faire du jaune ; mais personne n'a trouvé le secret d'en faire qui soit permanent, que les teinturiers qui teignent à chaud. On peut faire des jaunes avec beaucoup de différentes drogues, comme gomme gutte, graine d'Avignon, gaude, safran, raucour, *terra merita*, fleurs de grenade, fleurs de genets, &c. ; mais voici comme je les fais.

Jaune-Citron.

Vous prenez une bouteille comme il est dit au n° II, vous faites concasser bien menu de la graine d'Avignon, que vous mettez dans la bouteille, & l'emplirez avec de l'urine d'homme clarifiée, dans laquelle vous aurez fait dissoudre une demi-livre d'alun de glace en poudre : Après l'avoir bien bouchée, mettez-la au foleil, ou fur le cul d'un four, pendant un mois, & la couleur eft faite. Il n'eft pas néceffaire de faire évaporer celle-ci, parce que je vais donner d'autres jaunes plus foncés. Cette couleur fe gomme avec de la gomme arabique, & il en faut beaucoup.

N° V.

Jaune d'Or.

Il faut avoir une livre de raucour en pierre, que vous détremperez dans fix pintes d'urine d'homme : faites bouillir ce mêlange dans un chaudron de cuivre pendant une heure, après quoi vous jetterez dedans une demi-livre de cendre gravelée. Prenez garde alors que la couleur ne fe gonfle, car elle s'en iroit par deffus, fi le chaudron n'étoit pas affez grand. Laiffez encore bouillir le tout une demi-heure, retirez-le du feu & le laiffez dépofer : Vous le tirerez alors au clair par inclination, & le garderez dans des bouteilles. Cette couleur fait, dans la peinture fur foie, ce que les ocres font dans la peinture à l'huile, mais elles font plus belles & plus dorées.

N° VI.

Autre Jaune d'Or superbe.

Prenez une once de gomme laque réduite en poudre, demi-gros de fang-dragon, & demi-gros de *curcuma*, l'un & l'autre en poudre, avec un demi-feptier d'efprit de vin. Mêlez le tout enfemble, & laiffez-le tremper vingt-quatre heures, puis mettez la bouteille au bain-marie, & laiffez doucement diffoudre tout ce qui peut fe diffoudre. Si, en la fortant du bain, & en en mettant une goutte fur de la foie, elle s'emboit en forte qu'on ne puiffe pas écrire avec, il faut faire évaporer l'efprit de vin, jufqu'à ce qu'elle ne coule plus, & qu'elle puiffe foutenir un trait fin. Six fois cette dofe peut faire un pot de couleur ; elle ne prend point d'autre gomme que la gomme laque. Il faut l'employer feule, car elle ne fouffre point de mélange. Eprouvé.

N° VII.

Façon de faire le Bleu en liqueur, très-rare.

Prenez le plus beau bleu de Pruffe que vous pourrez trouver, mettez-le

D

dans une écuelle de fayence propre,
verfez deffus de l'efprit de fel marin fu-
mant, jufqu'à ce qu'il furnage : cela
bouillonne & réduit le bleu de Pruffe
en pâte. Laiffez - le ainfi vingt - quatre
heures, après quoi vous verferez de
l'eau deffus, & le mettrez dans une bouteille. Avec deux onces de bleu de Pruffe, on peut faire une pinte de couleur.
Ce bleu ne fouffre point d'autre gomme
que la gomme adragant : celui qui eft
décrit ici eft très-foncé ; on le dégrade à
l'infini, en y mettant de l'eau gommée,
faite avec la même gomme adragant.

N° VIII.

*Manière de faire toute forte de beaux
Verts, fans vert de veffie.*

Premier Vert.

On prend un demi - feptier de vert
d'eau, & on le mêle avec moitié autant
de jaune citron du n° IV; cela vous
donne un très-beau vert clair. Je donne
ici la façon de faire le vert d'eau, pour
ceux qui ne le favent pas.

Prenez une demi-livre de vert-de-gris
bien fec, & un quarteron de tartre de
Montpellier, l'un & l'autre réduits en

poudre ; mêlez le tout enſemble, avec une pinte d'eau de rivière ou de pluie : bouchez bien la bouteille, & remuez-la deux fois le jour, pendant l'eſpace de huit ; après quoi vous filtrerez la liqueur au papier gris, & vous aurez du très-beau vert d'eau.

N° IX.

Vert de Pré.

Prenez une chopine de jaune citron du n° IV, ſans être gommé, & mêlez-y de la liqueur bleue du n° VII, juſqu'à ce que vous le trouviez aſſez foncé. Ce vert eſt extrèmement beau, & ne s'efface jamais. L'expérience de ces mêlanges vous fera connoître que l'on peut faire des verts à l'infini.

Avec ces cinq couleurs, ſavoir, rouge, violet, jaune, bleu & vert, on peut faire généralement toutes les teintes qu'il y a dans la nature. Je donnerai ci-après des exemples des divers effets qui réſultent du mêlange de ces couleurs, afin de mettre les artiſtes à portée de faire les teintes qu'ils déſireront à coup ſûr, & ſans perdre beaucoup de temps ni de couleur.

N° X.

Expériences faites sur les Couleurs en liqueur, avec les Teintes qui en résultent.

En mêlant du rouge n° I, avec du violet n° III, on fait un très-beau pourpre ; plus ou moins de l'un ou de l'autre, vous donne un cramoisi plus ou moins rouge.

En mêlant un peu du rouge N° I, avec le jaune citron n° IV, vous faites une couleur d'orange, couleur d'or, couleur de grenade.

En mêlant du rouge n° I, avec le vert de pré n° IX, vous faites de très-belle couleur de bois, bonne pour les terrasses & pour les troncs d'arbres.

En mêlant du jaune citron n° IV, avec le violet tout pur n° III, vous aurez une couleur de bistre superbe : ajoutez-y du jaune d'or n° V, vous aurez un bistre doré ; ajoutez-y encore du vert n° IX, vous aurez un bistre extrèmement foncé & velouté.

En mêlant du rouge n° II, avec le jaune citron n° IV, vous aurez une couleur aurore : ajoutez-y un peu de bleu n° VII, vous aurez une couleur de bois brune très-belle.

Broyez un peu de blanc de ceruſe avec de l'eau gommée fort claire ; mêlez-en un peu avec du rouge n° I, vous aurez une couleur étonnante.

Mêlez un peu de ce blanc avec du rouge n° II, vous aurez une couleur cramoiſie ſuperbe.

En mêlant un peu de ce blanc, ſans être gommé, avec du bleu n° VII, vous aurez un bleu qui vous ſurprendra, & qui ne change jamais.

Si vous mêlez de ce blanc tout gommé avec un mêlange de rouge n° I, & de jaune citron n° IV, vous faites des couleurs de chair à l'infini.

Si vous mêlez le jaune d'or n° V, avec le violet n° III, vous faites de la couleur de terre admirable, & toujours en liqueur. En général, on peut faire des teintes à l'infini en tout genre ; & par le moyen du blanc de ceruſe, on fait des couleurs plus belles & plus brillantes que toutes celles qui ont paru juſqu'à préſent. L'auteur n'a écrit la façon de faire ces couleurs qu'après les avoir expérimentées pendant vingt ans, étant deſſinateur & peintre. Il s'en eſt toujours ſervi avec ſuccès, ſoit à peindre en miniature, ſur le velin, ſur le pa-

pier, fur l'ivoire, foit fur toute forte
d'étoffes de foie blanche.

N.º XI.

Safrans de Mars & de Vénus.

Prenez une livre de belle couperofe :
celle qu'on fait foi-même vaut beaucoup mieux que celle qu'on achète ;
ayez quatre livres de potaffe tombée
en huile, broyez bien cette couperofe
avec cette huile de potaffe, jufqu'à ce
qu'elle foit extrèmement douce fous la
molette ; & mettez - la dans un grand
vaiffeau de verre, ajoutant à chaque
fois un peu de liquide, afin qu'avant
que tout foit broyé, il ne fe précipite
pas au fond du vaiffeau. Lorfque tout
y fera entré, remuez la couleur fale
que cela aura faite dans le verre ; &
faites en forte que, par la portion
d'huile de potaffe que vous aurez broyée
avec, & verfée deffus en remuant, il
foit comme un firop bien coulant &
pas trop épais. Tourmentez bien le
tout très-fouvent pendant un jour, laiffez-le repofer pendant la nuit, vous
verrez le lendemain une huile tranfpa-
rente couleur de grenat, qui furnage-

ra; videz-la par inclination, filtrez-la au papier gris, & remettez autant d'huile de potaſſe que vous aurez retiré de liqueur. Remuez bien encore pendant un jour, & le lendemain, vous verſerez ce qui ſe trouvera deſſus par inclination, & le filtrerez comme ci-deſſus, continuant toujours, juſqu'à ce que rien ne ſe teigne en couleur de grenat. Si les quatre livres de potaſſe ne ſuffiſent pas, employez-en cinq ou ſix; vous ne perdrez de la potaſſe que la craſſe : Enſuite, vous verſerez toute la liqueur qui aura paſſé par le papier gris (qui fera la valeur d'un demi-ſeptier ou environ) dans trois pots d'eau de pluie; vous verrez votre eau ſe troubler & devenir jaune. Vingt-quatre heures après, verſez par inclination cette eau ſalée dans un autre vaſe; ayant retiré la poudre jaune qui reſte au fond du premier vaſe, vous la mettrez ſur le filtroir de papier gris. Rincez bien le vaſe avec de l'eau chaude par pluſieurs repriſes, & verſez-la toujours ſur le filtroir. Quand tout le liquide ſera écoulé, vous verrez une poudre jaune ſur votre papier gris; c'eſt le ſafran de Mars, que vous laiſſerez ſécher.

D iv

Pour avoir le fafran de Vénus, il faut faire la même opération, & prendre, au lieu de couperofe, du vitriol de Chypre; mais ce dernier ne doit pas toucher la bouche, parce qu'il eft un poifon. Il faut recueillir toute l'eau falée qui aura filtré dans vos opérations, & la faire évaporer fur le feu jufqu'au fel fec, que vous remettrez en bouteille, où il redevient huile de potaffe très-pure : Cette huile peut fervir pour la même opération, & eft meilleure que la première fois.

Ufage de ces deux Safrans.

Broyez fur une glace le fafran de Mars avec du vinaigre diftillé, & renforcé par quelques gouttes de diffolution de fer dans l'eau-forte : Ce fafran eft bleu.

Broyez de même celui de Vénus avec du vinaigre diftillé, dans lequel vous aurez mis quelques gouttes de diffolution de cuivre dans l'eau-forte. Selon que vous voulez la couleur plus ou moins foncée, vous mettez peu ou beaucoup de vinaigre d'eau-forte. Les deux fafrans mêlés enfemble, font un vert fuperbe, étant d'une parfaite unité l'un & l'autre.

N.° XII.

Procédé pour du beau Bleu.

Prenez une once de beau bleu de Pruſſe, une demi-once d'huile de vitriol, &
une demi-once de vinaigre diſtillé :
broyez avec cela votre bleu de Pruſſe extrèmement fin, ſur une glace ou verre ;
plus vous la broyerez, plus votre couleur ſe diſſoudra bien. Mettez le tout
dans un vaſe de verre ſur un feu doux,
& délayez-le avec du vinaigre diſtillé.
Il faut le tenir ſur le feu, remuant toujours, juſqu'à ce que vous voyiez qu'en
laiſſant tomber une goutte de cette liqueur dans un verre d'eau, elle devienne
toute bleue. Alors ôtez-la du feu, &
verſez peu à peu autant de vinaigre diſtillé qu'il en faut pour que le tout faſſe
un pot. Mettez-le en bouteille, & re-
muez-le ſouvent & long-temps. Laiſſez
repoſer votre couleur pendant trois
jours, enſuite paſſez-la par un linge & la
conſervez. Si vous trouvez que le bleu ne
ſoit pas aſſez foncé, remettez-le ſur le
feu, & faites évaporer encore le vinaigre
à diſcrétion, vous aurez un très-beau
bleu. Expérimenté.

D v

N.° XIII.

Pour faire le Vert.

Ayant fait une forte décoction de bois jaune avec du vinaigre, & non de l'eau, lavez avec cette liqueur jaune le linge dans lequel vous aurez paſſé votre bleu, pour ne rien perdre. Si cela ne ſuffit pas pour vous donner un beau vert, vous y remettrez un peu de bleu à diſcrétion, & vous aurez un beau vert tenace, en le paſſant auſſi par un linge, & le gardant en bouteille.

On gomme ces couleurs avec de la gomme adragant en poudre fine.

N.° XIV.

Façon de faire un Jaune très-ſolide.

Prenez une once de gomme laque en poudre, deux gros de *curcuma*, deux gros de ſang-dragon, le tout en poudre fine; ajoutez-y un demi-ſeptier d'eſprit de vin, & mettez le tout dans un globe de verre: puis, ayant bien bouché le globe, mettez-le au bain-marie pendant deux ou trois heures, après l'avoir laiſſé tremper pendant vingt-quatre. Il faut que ce globe tienne un pot, ſans quoi il pourroit ſe caffer. Le tout étant froid, faites avec cette liqueur un trait ou une tache fur de l'étoffe quelconque ; fi elle s'emboit, ou fi elle coule, il faut la remettre au bain-marie, déboucher la bouteille, & la laiffer évaporer jufqu'à ce qu'elle ne coule plus : alors elle eft bonne pour peindre fur l'étoffe. On la conſervera dans une bouteille.

N° XV.

Procédé pour un autre Jaune, éprouvé.

Faites infufer quatre livres de *virga aurea* dans trente pintes d'eau de rivière, pendant quatre jours, fur un feu très-doux, de forte que l'eau ne foit que tiède, & tenez le vaiffeau (qui doit être d'étain, ou de cuivre étamé (bien bouché. Après cela, filtrez cette décoction au papier gris. Enfuite faites bouillir quatre livres de *terra merita* en poudre, dans une quantité d'eau, avec fix livres de graine d'Avignon, & une demi-livre de fel *d'epfum* ; laiffez repofer cette teinture pendant vingt-quatre heures, après cela décantez le plus clair de deffus le marc, & le mêlez avec de la décoction ci-deffus.

Faites bouillir à part deux livres de

fleurs de grenade dans vingt pintes d'eau
de rivière pendant trois heures ; filtrez
cette décoction au papier gris, & la mêlez avec les deux autres ci-deſſus. Faites
bouillir le tout enſemble avec une livre &
demie d'alun de roche en poudre, juſqu'à
réduction de quatre pintes. Il faut mettre alors dans cette teinture une livre
de compoſition pour l'écarlate, qui eſt
de l'étain de Cornouaille, diſſous dans
de l'eau régale. Laiſſez encore bouillir
le tout pendant un quart-d'heure ſeulement, vous aurez un très-beau jaune
ſolide, qui, avec de l'indigo *gati-malo*,
diſſous par l'huile de vitriol, vous fera
un très-beau vert ſolide. Ce vert & ce
jaune ſont bons pour les indiennes :
auſſi quelques manufactures d'Angleterre s'en ſervent-elles.

N°. XVI.

Expériences utiles & récréatives.

Mêlez de l'eau-forte avec de la
teinture de tourneſol, vous faites du
rouge.

Sur ce rouge, mêlez-y un peu d'huile
de tartre, vous faites du violet.

Jetez un peu d'eau pure & autant

d'huile de tartre fur du firop violat, vous aurez une couleur verte.

Jetez de la diffolution de fublimé corrofif fur de l'eau de chaux, vous aurez du jaune.

Mêlez enfemble de l'alun en poudre & du fuc de fleurs d'iris, vous aurez un beau bleu qui devient vert.

Jetez de l'efprit de vitriol fur une teinture de fleurs de grenades, vous aurez une belle couleur d'orange.

Jetez un peu d'huile de tartre fur de la diffolution de fublimé corrofif, vous ferez une couleur jaunâtre.

Verfez un peu de fel ammoniac fur ce mélange jaunâtre ; agitez le mélange, il deviendra blanc.

Mêlez de la diffolution de vitriol blanc avec de l'infufion de noix de galle, vous ferez du noir.

F I N.

TABLE

Des Articles contenus dans ce petit Ouvrage.

PREMIÈRE PARTIE.

L'Art de faire les Indiennes.

ARTICLE PREMIER.

SECONDE PARTIE,

Contenant la manière de composer les Couleurs en liqueur pour peindre sur les Etoffes de soie.

Fin de la Table de la seconde & dernière Partie.

monsieur

De francois de [illegible]

mon

www.ingramcontent.com/pod-product-compliance
Ingram Content Group UK Ltd.
Pitfield, Milton Keynes, MK11 3LW, UK
UKHW021742090726
13657UKWH00002B/876